Couvertures supérieure et inférieure
en couleur

Lb³⁹ 3817.

SUR LES DISPOSITIONS
POLITIQUES ET MORALES
QU'IL FAUT NOUS PRESSER D'AVOIR.

ADRESSE

AUX ASSEMBLÉES ÉLECTORALES
DE FRANCE.

Par M. DE ROSSI, Notable Adjoint de Paris.

Chez KNAPEN, Pont S. Michel, 1790.

SUR LES DISPOSITIONS
POLITIQUES ET MORALES
QU'IL FAUT NOUS PRESSER D'AVOIR.

ADRESSE
AUX ASSEMBLÉES ÉLECTORALES
DE FRANCE. (*)

PRÉLIMINAIRE adressé particulièrement à mon propre District.

Vous êtes des hommes, MESSIEURS, et de tout temps, en flatant les passions et les intérêts des hommes, on a été sûr de leur plaire. J'ambitionne beaucoup de vous

---

(*) L'auteur s'est attaché dans ce discours, autant qu'il lui a été possible, même dans les choses les plus élevées, les plus profondes ou les plus composées, à garder dans son style la simplicité la plus attachante, et dans sa méthode la clarté la plus persuasive.

A ij

servir et fort peu de vous plaire. Vainement prétendroit-on remplir à la fois ces deux objets précieux, si, aussi peu éclairés à cet égard que nos ancêtres et que la plupart des peuples du monde, nous laissons subsister une éternelle barrière entre deux choses, aussi parfaitement faites pour marcher de front; et si l'illusion, si le prestige, toujours chers à l'espèce humaine, continuent à l'emporter sur la réalité.

L'aveuglement de mille générations s'étend avec un égal empire sur la nôtre. Le même bandeau sert à toutes, et paroît encore aussi impénétrable. Enorgueillis de quelques hommes de génie auxquels nous avons donné le jour, et possesseurs de quelques Philosophes, mais de bien peu de philosophie *propagée et généralisée*, nous blâmons, nous calomnions les Rois et nous ressemblons tous à des rois; car, comme eux, nous n'aimons, nous n'élevons que ceux qui nous adulent. L'orgueil est la plus favorite de nos passions, la plus chère de nos propriétés ; nous perdons gaiement tous les autres biens, pourvu qu'on nous conserve, pourvu qu'on affermisse celui-là.

Obligé de choisir, je ne balancerai point, et mon choix est fait. L'intérêt de l'homme d'esprit se marie merveilleusement avec les erreurs et les foiblesses de la multitude ; je le sais, et je connois toute la séduction qui entraîne sur cette pente dangereuse et facile ; mais le véritable intérêt de l'espèce humaine, son bonheur, sa sagesse, la vérité, la raison, la justice, la grande fin morale et politique de l'homme et des empires, sont aussi dans une parfaite union avec la conscience d'un homme vertueux. Ce dernier parti n'offre, il est trop vrai, qu'un roc escarpé à gravir; mais quelque pénible, quelque décourageante que soit cette route, toutes les facultés de mon ame m'y portent, et je ne sens pour tous les charmes séduisans de la route opposée que haine, que dégoût, que mépris. Je ne flaterai donc jamais vos passions, et je ne seconderai vos intérêts que lorsqu'ils seront parfaitement d'accord avec l'intérêt universel.

Vous permettrez sans doute, MESSIEURS, que je fasse à votre égard ce que j'ai fait pendant toutes les minutes de mon existence, toujours fuir ou refuser la faveur et toujours dire la plus utile vérité. Les preuves de ce fait ont été si nombreuses, si multipliées, elles seront si connues par la suite, elles forment tellement l'entière histoire d'une vie invariablement consacrée au desir de tout mériter avant de rien obtenir, que je n'en dirai que ce seul mot. J'ai laissé long-temps en dépôt entre les mains de diverses personnes les plus recommandables de ce district, beaucoup d'objets qui en contenoient de très-essentielles ; il n'a tenu qu'à vous, Messieurs, d'en prendre connnoissance, mais je vais à l'instant vous en fournir une plus sensible et plus rapprochée de vous. C'est ma renonciation complette, absolue et irrévocable à toutes les nominations que vous ferez dorénavant à toute place, à toute distinction, à toute préférence, à toute dignité quelconque ; et, pour qu'il n'y ait lieu d'en douter ni d'en revenir, j'en demande ce jour, 6 Mai, acte et enregistrement à l'Assemblée générale, et je prie M. * * * * notre secrétaire-greffier d'en faire mention sur le champ. Je ne mets à cela qu'une restriction, parce qu'elle me fournit l'occasion de vous dire une première vérité importante. Cette restriction est, que ma renonciation aura lieu jusqu'à ce que vous soyez en état de connoître quels sont vos véritables serviteurs, vos véritables amis. Mais je maintiens que vous ne commencerez que tout au plus dans trois ans à connoître vos vrais amis ainsi que vos véritables intérêts; ainsi je fixe invariablement ma renonciation pour trois années au moins.

Aussi franc, aussi ferme, aussi énergique vis-à-vis les nouvelles puissances, telles qu'elles puissent être, et telles qu'elles puissent devenir, que je l'ai toujours été à tous égards et en toute occasion vis-à-vis des anciennes, je déclare que, dans les choses publiques et dans tout ce qui concerne l'intérêt universel, ou je n'aurai point de voix, ou j'aurai celle que me dicteront la vérité, la justice, la raison, l'honneur, l'ordre général et les véritables principes politiques. Je déclare également qu'aucune considération n'arrêtera les mouvemens de mon improbation, lorsque des délibérations inconsidérées et opposées aux vrais principes, vous écarteront de vos véritables intérêts qui ne peuvent jamais différer de l'intérêt général.

Qu'on me pardonne ce préliminaire, il étoit indispensable, sur-tout pour autoriser ce qui suit : daignez m'honorer de quelqu'attention. Si j'ai bien rempli mon but dans cette occasion, toute fugitive qu'elle est, et malgré l'extrême rapidité de mon travail, votre attention doit s'accroître à mesure que j'avancerai.

Je supplie les lecteurs très-éclairés et d'un goût très-délicat, de ne point oublier que cet ouvrage est destiné à être entendu par toutes les Assemblées primaires. L'habitude de passer tous mes jours avec ces penseurs exercés, qui entendent tout et qui devinent tout, ne se manifeste que trop souvent dans tous mes écrits, et se montrera peut-être dans beaucoup de passages de celui-ci, malgré mon dessein très-formel de le rendre par-tout, intelligible à ceux mêmes qui ne devinent rien. Les pages qui plairont le plus aux hommes de mérite, sont peut-être celles où j'aurai le moins réussi à remplir l'intention que je devois me proposer.

SUR LES DISPOSITIONS
POLITIQUES ET MORALES
QU'IL FAUT NOUS PRESSER D'AVOIR,

ADRESSE
AUX ASSEMBLÉES ÉLECTORALES DE FRANCE.

Plus je regarde autour de moi, Messieurs, plus je vois que le plus grand et le plus pressant besoin actuel de la France entière, est de posséder des hommes sages, vertueux, justes et éclairés; éclairés sur-tout dans les nombreux et profonds objets de la Constitution des Empires; dans les objets de la Politique, de la Morale et de la Législation. Or, pour avoir de grandes lumières sur ces objets, il faut s'en être prodigieusement et très-long-temps occupé.

J'ai dit que le plus grand besoin actuel de la France entière est de posséder des hommes essentiellement éclairés et estimables ; car ce n'est qu'à de tels hommes que vous pouvez remettre et abandonner complettement vos intérêts ; ce n'est qu'à de tels hommes que vous pouvez accorder une entière et indestructible confiance. Les plus authentiques, les plus incontestables droits à une semblable confiance seroient certainement : une vie non-seulement irréprochable, mais louable et méritoire en tout genre ; des travaux continuels dans ces matières importantes, et des efforts constamment patriotiques au milieu de la corruption des Cours, de l'affreux Despotisme des Grands, et des innombrables obstacles de toute espèce.

Mais trop peu d'hommes peuvent réunir ces rares avantages, et s'être trouvés dans les circonstances, heureuses pour leurs contemporains, quoiqu'accablantes pour eux-mêmes, qui peuvent les faire naître. Il faut donc, tout en vous félicitant du précieux bonheur d'en rencontrer de semblables, exiger beaucoup moins. Les temps d'où nous sortons nous obligent à une grande indulgence. Ma renonciation à tout, me rendant inutile toute celle dont j'aurois besoin pour mon propre compte, il m'est bien doux de pouvoir hautement demander pour autrui cette indulgence que je n'eusse pas osé vous demander pour moi-même. Les temps d'où nous sortons avoient tout dénaturé, jusqu'à la vertu (a). Exigez donc uniquement

---

(a) . . . . Dans une semblable Constitution, les hommes les plus honnêtes participent toujours un peu à la commune dépravation . . . . . sans pouvoir l'éviter . . . . et par des motifs bien longs à expliquer à ceux qui n'ont pas le nombre d'idées suffisant pour nous entendre . . . . mais bien aisés à sentir pour ceux qui ont sçu voir, apprendre et méditer.

Passage de l'Ouvrage intitulé : *Considérations sur les Principes politiques de mon siècle, et sur la nécessité indispensable d'une morale politique.* Londres, chez GRANT, Bridges-Street, 1775. Ouvrage que j'ai donné, comme on

ce qui est absolument nécessaire pour mériter votre confiance.

Bien éclairés sur votre nouvelle existence politique, n'écoutez dans vos élections que ce qui vous sera dicté par votre sagesse et par vos lumières. Ne

───────────

voit, il y a 15 ans, dont on n'a eu que 60 exemplaires, sans nom d'auteur, l'édition entière ayant été anéantie à mon insçu, ainsi qu'à celui du Public. Cet Ouvrage démontroit tous les vices, toutes les nullités, toutes les dangereuses absurdités de la Constitution françoise, et la nécessité d'en créer une nouvelle, *sans aucun retard*. Voyez toutes les pages de cet Ouvrage, et principalement 275, 221 *et suiv.* 213, 209 *et suiv.* 191, 142, 120, 90, 79, 75, 7 *et suiv.*

Cette cruelle vérité, qu'une Constitution vicieuse et corrompue altère et dénature, même chez les plus honnêtes gens, la vertu qu'ils aiment, et les éternels principes de sagesse et de vérité qu'ils cherchent, cette funeste vérité que j'avançois il y a 15 ans, et que je répète passagèrement en ce lieu, sera développée et démontrée avec évidence dans mes écrits à venir.

suivez dans cette importante affaire ni les adroites impulsions des intrigans, ni les dangereuses suggestions de votre amour-propre. Demeurez persuadés que mériter l'estime est posséder une véritable dignité, et que l'estime nécessaire à un homme qui doit vous représenter, ou vous juger, ou vous diriger, doit être fondée, non-seulement sur des vertus domestiques, mais encore sur des vertus et des lumières civiles et politiques. Réglez vos nominations en conséquence ; mais une fois que votre choix est fait, faites à vos mandataires et à vous-mêmes l'honneur d'y persister.

Vous sortez, je le sais, d'une effroyable corruption morale, civile et politique. Cette effroyable corruption vous a donné une mortelle défiance les uns pour les autres. Mais il existe, je vous l'ai dit, et je vous le répète, il existe, soyez-en sûrs, des hommes dignes de toute votre confiance. Ne les éloignez pas, ne les dégoûtez pas ; ne vous préparez pas, de vos propres mains, l'affreux malheur de ne plus savoir à qui remettre le dépôt de vos intérêts. Rappellez-vous qu'on obtient des hommes vertueux par l'opinion qu'ils sont vertueux, ou par la sage politique de les traiter comme tels. Rappellez-vous également que la défiance, au contraire, dégoûteroit même de la vertu, si quelque chose pouvoit en dégoûter ceux qui ont une fois eu le bonheur de sentir ses charmes. Mais si ces derniers ne se dégoûtent pas de la professer, ils se dégoûtent infiniment de consacrer leurs services à des ingrats et à des calomniateurs. Ce genre de dégoût est depuis long-temps une des funestes maladies politiques de la France. La révolution pouvoit la guérir, la manière dont vous en userez peut l'augmenter.

Croyez donc un peu plus à la vertu d'autrui, et un peu moins à vos propres lumières.

Vous pourrez souvent courir à votre perte, en croyant ne suivre que la voix de la raison. La raison est sujette à des excroissances dangereuses, même chez ceux qui l'ont le plus cultivée ; elle est bien plus sujette encore à des écarts funestes

funestes chez ceux qui l'ont entièrement négligée. Tel qui a l'amour-propre de s'en croire beaucoup, n'a jamais travaillé pour en acquérir. Tous les hommes ont reçu une même mesure d'orgueil, et cette mesure est immense. Il s'en faut du tout au tout qu'ils ayent reçu une même mesure de raison. Ceux chez qui cette mesure est imperceptible, n'en conservent pas moins toute leur dose d'orgueil, et la mettent dans une continuelle activité. C'est que pour être orgueilleux, l'homme n'a besoin que de naître ; mais les plus grands travaux, les plus longues méditations, le plus constant exercice de sa pensée, suffisent à peine pour atteindre à la hauteur d'une raison droite et lumineuse. Quelquefois, après tous ces travaux, on a beaucoup de talent, et pas le sens commun. Les hommes de ce dernier genre sont souvent les plus séduisans et les plus dangereux. Ils poussent en tout sens avec la plus grande facilité, tous ceux chez qui l'équilibre n'est pas établi ; ils deviennent les oiseleurs de tous ces étourneaux, et les chefs naturels de tous

B

les esprits faux, de tous les caractères ardens, de toutes les imaginations déréglées. Soyons en garde contre de tels prestiges ; accoutumons-nous à nous défier de nos lumières ; ayons la justice de convenir avec nous-mêmes qu'il faut avoir beaucoup cherché la vérité pour la connoître, et que si les plus sages ont eux-mêmes toujours douté de leurs forces, cette juste défiance de soi-même doit être utile à tout le monde. L'objet le plus juste au premier aspect, peut être faux et nuisible dans le fond. Son but apparent peut vous être présenté d'une manière séduisante ; vous pourriez être entraîné, et croire que vous suivez votre propre mouvement lorsque vous ne suivriez réellement que l'impulsion d'autrui : cette marche n'est que trop ancienne et trop fréquente parmi les hommes, lorsqu'une erreur flateuse leur est présentée avec une adroite éloquence.

Avec un peu de défiance de vous-même, avec la saine résolution de réfléchir avant de parler, avec le saint désir d'apprendre à juger les hommes, et de connoître les principes d'après lesquels il convient de les juger; avec une crainte salutaire d'abuser des droits nouveaux qu'on vous a accordés, avec l'utile projet de vous instruire avant de décider, de beaucoup écouter avant d'interrompre, et de savoir distinguer ceux qu'il est bon d'écouter ; enfin avec la sage pensée, le ferme propos de vous occuper avant tout de la chose publique, et de faire servir vos assemblées à autre chose qu'à l'effervescence de vos amours propres, vous parviendrez souvent à éviter l'écueil dont je viens de parler, et vous atteindrez à un but plus utile.

Donnez donc aux hommes réellement vertueux, aux hommes d'un vrai mérite, occasion de se plaire au milieu de vous ; car vous avez le plus grand besoin d'eux. Ignorer qu'eux seuls peuvent opérer le salut public, ignorer combien ils vous sont nécessaires, ignorer combien il est dangereux de les dégoûter, de les éloigner et de les séparer de vos intérêts, est et sera un de vos plus grands malheurs. Donnez-leur donc occasion de trouver quelque

B ij

satisfaction à se rapprocher de vous, et à en être bien connus. Soyez assurés qu'ils le désirent eux-mêmes, et que c'est toujours votre faute quand ils agissent autrement. Car si c'est un avantage inappréciable pour un homme méprisable en tout, de rester enveloppé du plus grand nombre de voiles qu'il lui est possible, c'est un malheur affreux pour un homme honorable en tout, de n'être pas complettement connu ; connu avec la dernière évidence, jusques dans le dernier repli de son cœur, jusques dans sa plus secrette pensée. Sûr qu'il est ainsi connu, et qu'on lui rend cette justice, il se passeroit très-facilement de toute autre récompense, de tout autre honneur, de toute autre distinction ; et avec ce seul dédommagement de ses sacrifices, il seroit prêt à vous consacrer ses vertus, ses lumières, ses travaux et ses veilles.

Mais une fois possesseurs d'hommes semblables, soyez-en les disciples, et non pas les contradicteurs. Vous êtes leurs enfans chéris, il faut donc les traiter en pères respectés. Sachez que les hommes d'un grand mérite sont presque toujours ceux qui ont tout sacrifié aux sciences, aux lettres, à la passion du bien public, à l'amour de l'ordre et à la recherche de la vérité.. Sachez que cet esprit philosophique, cet amour des sciences, des lettres, des arts, cette énergique passion du bien public, cette habitude de méditer et de travailler sur les plus grands principes de la morale, de la politique et de la législation, donne toujours pour passion dominante le goût de la retraite, la haine du monde et des affaires. Le désir d'être utiles à leurs semblables peut quelquefois les tirer de leur solitude, mais la moindre chose les y repousse, et ils s'y retrouvent toujours avec plaisir. S'il s'en présente au milieu de vous, il faut donc savoir les y conserver, les y attirer ; et bien loin de les repousser par l'arrogance de l'orgueil et l'opiniâtreté de l'ignorance, il faut les engager par votre docilité à se mettre à votre portée. Car les fortes raisons sont faites pour les fortes têtes ; les grandes vérités, pour les esprits robustes ; les principes profonds, pour les intelligences exercées. Accoutumés à habiter les plus hautes régions de l'esprit humain, familiarisés avec les résultats les plus abstraits, et les idées les plus élevées, ils n'ont pas toujours l'orgueil de croire qu'ils ont besoin de descendre pour être au niveau de leurs interlocuteurs; ou, ils n'ont pas le talent de se mettre facilement à ce niveau, ou bien encore, lorsqu'ils en auroient le talent, ils n'en ont pas la prévoyance et le continuel ressouvenir. Mais comme vous avez bien plus besoin d'eux qu'ils n'ont besoin de vous; comme cette rare espèce d'hommes est une mine riche et féconde, dont les fouilles toujours salutaires vous produiront de vrais trésors en morale et en politique; comme cette précieuse classe d'êtres sensibles est habituée à vivre au milieu de la nature, à être heureuses de sa pensée, et à dédaigner toutes les passions trompeuses et les mondaines vanités, c'est à vous, pour votre utilité propre, pour vos pressans besoins, pour vos intérêts les plus importans, à faire les avances, à les rechercher, à les attirer et à les conserver.

Car nous nous le dissimulerions en vain, ce n'est pas à quelques bras et à quelques mousquetons qu'est due la formidable révolution présente ; c'est à la disposition générale des esprits. Or cette disposition générale des esprits est due uniquement aux généreux écrits, aux courageux discours, aux fortes pensées, aux profonds raisonnemens, aux nobles actions, aux ingénieux ouvrages, aux sentimens héroïques des ames élevées et des hommes supérieurs, qui, sans se faire connoître, ou en se faisant connoître, employent depuis vingt ans toutes leurs facultés, tous leurs talens, toutes leurs forces, toutes leurs vertus à combattre le despotisme, les vices, la corruption, et à attaquer l'erreur, les abus et la tyrannie.

Vous avez tous plus de logique qu'il ne faut, MESSIEURS, pour comprendre de vous-mêmes, que si tous les hommes de cette espèce avoient employé leurs talens dans une cause opposée à la vôtre, ou, si les employant à tout autre objet, ils fussent seulement restés nuls dans celle qui vous anime, vous seriez au-

B iv

jourd'hui plus esclaves et plus opprimés qu'à Constantinople.

Vous avez aussi plus de logique qu'il n'en faut pour comprendre que si leurs écrits mal interprétés, ou pris dans une exagération que l'éloquence spéculative permet, mais que la sage pratique réprouve ; si leurs intentions mal saisies, ou envisagées et exécutées avec le même esprit, lorsque toutes les tyrannies expirent, que lorsqu'on avoit toutes les têtes de l'hydre monstrueuse à combattre ; si leurs écrits avoient été vicieusement employés, si leurs intentions avoient été outrepassées, si l'immodération de l'élan avoit fait aller au-delà du but ; si l'effort avoit été si prodigieux, qu'il auroit entraîné ceux mêmes qui ont porté le coup ; si on avoit passé à travers la liberté, à travers la raison, à travers la justice, et sur-tout à travers le cercle dans lequel l'ordre et le bonheur publics peuvent uniquement rester circonscrits ; ces hommes d'un vrai mérite et d'une véritable sagesse, ces hommes d'un talent supérieur, ces hommes rares et précieux, ces hommes seuls pourroient encore, tant que la puissance humaine y conservera quelqu'influence et y trouvera quelque ressource, rectifier les nouveaux abus, ramener dans la véritable voie, rétablir l'équilibre, et nous préserver de tant de nouveaux périls.

Ce sont eux qui vous feroient comprendre que ces exagérations, ces vicieuses interprétations ont été faites principalement par nous, et que combinées avec beaucoup d'ignorance et beaucoup d'orgueil, elles nous conduiroient à la plus funeste anarchie et au plus déplorable malheur. Ce sont eux qui vous expliqueroient comment il est tout simple, tant qu'on est dans le désert, de parler uniquement de la terre promise; et comment, une fois arrivés dans la terre promise, il faut en connoître la nature, la situation, les richesses et la stérilité, les avantages et les écueils. La servitude étoit l'affreux désert, la terre promise est la liberté.

Mais après cette liberté conquise, il convient d'en connoître les devoirs autant que les prérogatives. Ces devoirs ont pour bases principales, la vertu, la bonté et la confiance. La vertu ! plus pénible que l'esclavage pour des peuples corrompus. La bonté ! si étrangère à des peuples qu'on a opprimés avec insolence, qu'on a élevés dans l'égoïsme, et qu'on a amusés par la calomnie. La confiance ! si difficile à des peuples arrivés à mépriser leurs semblables, et presque à se mépriser eux-mêmes.

Il convient de faire entendre à tous, l'extrême différence qu'il y a entre la liberté naturelle, qui est celle dont vous vous êtes tous emparés, et la liberté politique, qui est celle qu'il nous faut, et sans laquelle, bien conçue et bien pratiquée, nous marchons nécessairement à une ruine inévitable.

Il convient de faire connoître que c'est sur-tout dans sa dignité qu'il faut rétablir l'homme ; car sa liberté, sa liberté noble, juste et utile, n'est qu'une suite de sa dignité essentielle et primitive, et sa dignité dépend de la profonde connoissance de lui-même, ainsi que de l'exercice des vertus qui sont propres à sa nature et nécessaires à son bonheur.

Il convient de vous faire bien concevoir que la vérité, la raison, la justice, ont une source, non idéale et conventionnelle, mais sacrée ; que cette source sacrée est environnée de moralités respectables, et que, de ces moralités respectables : naissent tous les devoirs naturels, civils et politiques, parmi lesquels un des plus indestructibles, un des plus inviolables, est : le respect et l'obéissance du fils pour son père, du disciple pour le maître, de l'inexpérience pour la sagesse, de l'ignorance pour la science, des jeunes gens pour les vieillards, de l'homme mal-adroit et indolent pour l'homme actif et habile, de l'homme foible et timide pour l'homme fort et courageux ; par conséquent, de l'inférieur forcé pour son supérieur nécessaire.

Il convient de vous expliquer comment l'ordre signifie nécessairement arrangement ; que l'ordre de l'univers est l'arrangement de l'univers ; que l'arrangement consiste en ce que chaque chose soit à sa place, par conséquent que toutes les choses ne soient pas à la même place ; par conséquent qu'elles soient toutes à une place différente ; que l'ordre social consiste dans un sage arrangement de tous ceux qui composent la société, et que, comme les choses, les corps quelconques ne peuvent point s'arranger eux-mêmes, et juger sainement de leur propre arrangement, encore moins s'arranger eux-mêmes, et s'occuper en même temps d'arranger les autres, il est de toute nécessité qu'il y ait des préposés à tous ces arrangemens partiels, et des préposés à l'arrangement général. Or, si les choses à arranger ne se laissent pas diriger par les préposés partiels, ou si les préposés partiels n'obéissent pas aux préposés généraux, il n'y a plus d'ordre social, l'ordre social devient nul et impossible ; et alors la condition de l'homme sauvage, la condition même du singe, du castor, de l'orang-outan, de l'ours ou du loup, seroit préférable à celle de l'homme civilisé, vivant dans un tel désordre politique.

«Il convient de vous enseigner que le pouvoir public n'est que la somme totale des soumissions particulières, et que tant qu'il manque quelques soumissions particulières, l'addition ne peut pas se faire, et le pouvoir public n'existe pas.

Il convient encore de vous exposer que le besoin public ne peut être satisfait que par le secours public et le travail public; que lorsque beaucoup de travaux particuliers sont suspendus, le travail public est incomplet ; que lorsque le travail public est incomplet, le secours public est très incomplet ; et que lorsque le secours public est très-incomplet, le besoin public est dans la plus grande souffrance.

Il convient encore de vous remettre sous les yeux, que l'homme n'a recherché la société, que pour être à l'abri de la faim, de la nudité, de la rigueur des frimats, de la crainte des bêtes féroces et des surprises de l'ennemi ; que c'est une assurance contre toutes ces choses, qui lui est donnée par l'ordre social, par le gouvernement quelconque, par le pouvoir public quelconque ; mais pour que l'ordre social puisse tenir son engagement, il faut que l'ordre social existe; pour qu'il existe il faut le maintenir. Mais pour que le pouvoir public puisse tenir un engagement, il faut que le pouvoir public existe ; pour qu'il existe, il faut le composer et le conserver. Mais disons encore :

En vertu de quel pacte le corps politique, le pouvoir public, peuvent-ils avoir fait une telle garantie et donné une telle assurance à l'individu ?

En vertu du pacte par lequel l'individu consent à prendre sa place, conformément à cet arrangement de tous, qui forme l'ordre social : (a).

En vertu du pacte par lequel l'individu consent à ajouter sa soumission personnelle à la somme totale des soumissions particulières qui composent le pouvoir public. (b)

En vertu du pacte par lequel l'individu s'oblige à consacrer une partie de son travail particulier, ou du produit de ce travail particulier, à la masse de tous les travaux particuliers qui forment le travail public, duquel travail public se compose le secours public, duquel

---

(a) Voyez ci-dessus.
(b) *Voyez* ci-dessus.

secours public se composent les moyens de satisfaire aux besoins publics. (c)

Sans quoi, le pouvoir public, le gouvernement, le corps social, l'état, sont déliés de toute obligation, et n'ont plus aucun engagement à remplir vis-à-vis des individus; car, l'état, le corps politique, l'ordre social, le pouvoir public, n'étant composés que de l'exactitude de tous à remplir le pacte personnel qui oblige chacun à prendre et à garder dans l'arrangement total, la place qui lui appartient pour maintenir l'ordre social, à consacrer la partie de travail personnel qu'il a promise pour le travail public; par conséquent pour le secours public; par conséquent pour la satisfaction du besoin public, et à ajouter sa soumission personnelle à la somme totale des soumissions particulières qui composent le pouvoir général; dès que ceux-ci cessent de remplir leurs engagemens, il n'y a plus d'ordre social, il n'y a plus de pouvoir public, il n'y a plus de corps politique.

Mille autres choses aussi importantes

(c) *Voyez* ci-dessus.

vous seroient enseignées par ces hommes supérieurs, ces hommes précieux et rares. Chacun des objets dont je vous donne ici une idée succinte, pourroit fournir un volume. Leur sagesse et leurs talens repandroient mille charmes sur ce développement. Je n'ai pas eu le dessein de les suppléer en ce lieu, et je n'eusse pas eu la hardiesse d'y prétendre. Il m'appartient de vous les faire apprécier, mais il ne m'appartient pas de les remplacer. Il y en a, tâchez de les connoître, attirez-les au milieu de vous, ne leur donnez point de dégoût, conservez-les dans votre sein, faites qu'ils puissent s'y plaire, et vous verrez combien la sagesse et la vertu gagnent à être connues, combien les assemblées profitant chaque jour dans leur commerce doivent desirer d'en posséder de semblables, et combien l'humanité s'honore, s'ennoblit et s'élève en leur rendant justice.

Si quelques nouveaux Citoyens viennent habiter dans votre arrondissement et y siéger au milieu de vous, gardez-vous donc, Messieurs, gardez-vous bien de leur ôter les moyens de se faire bien connoître,

connoître, gardez-vous bien de les circonscrire dans quelque sphère étroite, dans quelque intrigue obscure qui arrête leur développement, gêne leur explosion, refroidisse leur zèle, et vous prive de leurs lumières.

Mettez la main sur votre cœur, tant qu'il palpitera de crainte, de haine ou d'envie, au nom ou à la présence d'un homme de mérite, n'ayez pas l'audace de vous appeller Citoyens; c'est vous seuls que vous aimez, vous craignez, vous repoussez celui qui peut servir la chose publique; votre patriotisme n'est qu'une hypocrisie. Tant que la honte vous fait éviter les regards d'un homme vertueux, tant que l'orgueil ne vous inspire envers le talent qu'une politesse froide et forcée, tant que la jalousie vous rend douloureuse la présence d'un citoyen éclairé, restez dans vos foyers, fuyez les assemblées; vous iriez, en y parlant d'intérêt général, en y vantant votre civisme, souiller votre bouche par le mensonge, et desservir la patrie. Dussiez-vous essuyer quelquefois un égoïsme un peu bavard, redoutez moins cet inconvénient que celui

C

bien autrement dangereux, d'anéantir un homme utile. Sénèque, Mentor, J. Jacques, Cicéron, Nestor, Caton, Montaigne, Plutarque, eussent pu, sous ces rapports, être ainsi éconduits et annihilés par vous. Cette rage de parler et cette impuissance d'écouter qui attesteront si long-temps la frivole légèreté de notre caractère, et l'intensité énorme de notre amour propre, attestent bien plus hautement encore, combien nous sommes peu préparés pour l'ordre nouveau, et combien nous y apportons tous les vices de l'ancien; ceux même qui sont plus impropres, plus opposés à ce nouveau, je le prouve.

Dans le régime précédent, le pouvoir universel étant rassemblé sur cinq ou six têtes, et toutes les grâces, toutes les faveurs, étant distribuées par quinze ou vingt favoris, il n'importoit guère d'écouter, on n'avoit guère intérêt de connoître que ces quinze favoris et ces six dépositaires, et selon le même principe qui faisoit dire à un certain Colonel qu'il ne connoissoit que la livrée du roi et la sienne, et que dans tout autre cas, il n'hésitoit point à passer devant; selon ce même principe, nous n'hésitions jamais dans tout assaut d'esprit, dans toute discussion, dans toute société, dans toute conversation quelconque, dans toute occasion telle qu'elle fût, à prendre le devant sur tous les interlocuteurs; à nous saisir de la parole sans pitié; à la briser sans cesse dans la bouche d'autrui; à n'écouter jamais, ou à tressaillir d'impatience lorsqu'on étoit forcé d'écouter. Cela n'avoit presque jamais d'inconvénient, parce qu'excepté le Roi, sa maîtresse, le ministre et le favori, tout étoit à-peu-près égal à zéro. Nous vieillissions donc et nous mourions dans ce péché originel.

Mais dans le nouveau régime nous avons tous besoin les uns des autres, et nous devons avoir besoin, non du crédit ou du pouvoir, mais des vertus, des lumières et des talens de nos concitoyens; il est donc de la plus grande importance de nous bien connoître tous sous le plus grand nombre de rapports possibles; il est de la plus grande importance d'en chercher, d'en aimer, d'en faire naître les occasions, au lieu de les craindre et de les éviter. Il est de la plus grande importance et de la plus haute nécessité, de dépouiller en nous cet esprit de frivolité, de vanité, de perversité, de personnalité, qui tout-à-la-fois effet et cause de nos funestes principes, naissoit d'eux et les reproduisoit sans cesse.

La constitution est un être abstrait ; ce n'est que par les actions comme par la pensée qu'elle peut acquérir une existence effective. Ces pensées, ces actions doivent être précédées par des sentimens. Si nos sentimens, nos principes, nos dispositions morales en tout genre, demeurent en tout les mêmes qu'elles ont toujours été, en vain aurions-nous une constitution nouvelle; cette constitution ne seroit plus qu'un beau rêve. Sans chaleur, sans activité, sans vie, tout en ayant une juste et belle existence de droit, elle n'auroit point d'existence de fait. Elle seroit pour nous comme l'Utopie de Morus, comme la république de Platon. Elle fourniroit prodigieusement à nos discours, mais ses heureux effets conçus par notre ardente imagination, après avoir apparu comme un songe à nos faciles espérances, s'évanouiroient comme la parole. Ou, si nous ne changions de sentimens, de dispositions, de principes, que dans ce qui flate notre orgueil, notre intérêt, nos goûts, nos passions, sans en changer aucunement dans ce qui les blesse ou les contrarie, nous marcherions comme des aveugles au milieu des précipices ; et, sans cueillir aucuns des fruits précieux dont on auroit garni les haies et bordé les chemins, les faux pas les plus dangereux, les chûtes les plus funestes, accompagneroient tous nos mouvemens, et nous serions inévitablement entraînés dans quelqu'affreux abyme.

Gardons-nous donc de croire que nous puissions diriger nos intérêts présents avec nos dispositions passées, gardons-nous d'espérer que nous puissions porter dans la nouvelle constitution l'esprit qui nous animoit dans l'ancienne. C'est bien ici où il faut dépouiller le vieil homme. La première régénération doit être celle de vos secrets principes. Les principes publics n'auront de vigueur et d'efficacité, que lorsqu'ils seront dans un parfait rapport, dans une conformité absolue, avec vos agens antérieurs, c'est-à-dire, les résolutions de votre ame et les conceptions de votre intelligence. Tout est perdu, osons le dire sans dissimulation et sans réserve, si nous nous présentons au sanctuaire du nouveau Temple, avec les pensées et les mœurs de la dépravation passée.

Si du mérite, des vertus, un ancien patriotisme, une généreuse et bienfaisante sensibilité, un esprit ferme et élevé, un grand caractère, une tête remplie de connoissances législatives, un cœur dévoué au desir du bonheur général, n'étoient point devenus parmi vous les premières qualités, les premiers titres, les premières distinctions, les premiers droits, les premières dignités; qu'auriez-vous fait, et que seriez-vous devenus?... Quel fruit retireriez-vous de tant de travaux, de tant de mouvemens, de tant d'explosions, de tant d'efforts?

Cette manière franche et fière de mettre au jour sa secrette pensée et d'exprimer ses vrais sentimens, auroit étrangement effarouché, il y a quelques années, nos manières contemporains, accoutumés à des formes rétrécies par la dissimulation, et à de pénibles réticences d'orgueil déguisé ; mais elle plaira aux descendans qu'une lumineuse et sage constitution doit nous donner ; et c'est dans l'espoir que déjà elle puisse être digne de vous, que j'ose l'employer aujourd'hui.

Il doit être temps de sortir de cet asservissement moral, qui est le plus honteux de tous, ou nous ne serions changés que de nom.

La philosophie, la politique et l'héroïsme, étoient chez nos prédécesseurs des choses très-distinctes et très-séparées, et elles sont par elles-mêmes en effet très-séparées, mais c'est de leur complette réunion, que doit arriver un jour la vraie perfection des hommes et des choses. La sublimité du courage de pensée et d'action, est le plus grand, le plus désirable résultat de l'héroïsme ; la sublimité de l'intelligence est le plus beau résultat de la philosophie ; la sublimité des sentimens envers soi et ses semblables, et d'une raison toujours dirigée vers l'ordre et le bonheur public, est le plus grand résultat de la haute politique. La parfaite connoissance et l'inaltérable amour de la vérité et de la sagesse, est le dernier terme de la philosophie ; la profonde théorie de l'intérêt de tous et la complette préférence donnée à cet intérêt de tous sur son intérêt personnel, est le dernier terme de la politique ; l'utile sacrifice de toutes les gloires préféré à la gloire elle-même, est le dernier terme de l'héroïsme. Derniers termes auxquels il n'est sans doute pas donné à l'homme d'arriver ; mais puisqu'il lui est accordé d'en avoir la pensée, il lui est incontestablement accordé d'en approcher.

La philosophie tend sans cesse à isoler, l'héroïsme tend sans cesse à conquérir; la philosophie, amie de la retraite et de la méditation, vivroit volontiers seule avec la nature si celle-ci vouloit lui découvrir tous ses secrets ; elle ne revient vers les humains que parce qu'il faut les fréquenter pour les connoître ; l'héroïsme a besoin des hommes, ou pour les subjuguer, ou pour s'attirer leur admiration, ou pour leur faire d'éclatans sacrifices. La philosophie ne cherche que la paix, la sagesse et le bonheur personnel; l'héroïsme ne vit que de gloire et de triomphe; la politique, sur-tout celle que j'ai appellé de tout temps la seule politique, la haute politique, la politique législative (*), tend sans cesse à rapprocher ces extrêmes, précieux séparément, bien plus précieux par leur accord; elle tend sans cesse à ramener à un centre commun ces deux choses si belles, mais d'une nature si contraire; ces deux choses qui marchent toujours en sens inverse vers les parties opposées de la circonférence. C'est là, dans ce centre commun, que la désirable et magnifique réunion de la philosophie, de l'héroïsme et de la politique, doivent, par leur mutuelle décomposition et récomposition, arriver à ces admirables combinaisons, desquelles doivent naître toute la sagesse, toute la vertu, toute la félicité dont l'humaine espèce peut être susceptible.

C'est dans ce sens et d'après ces grandes vues sur la nature et la société,

_____

(*) Voyez mes *Considérations sur les principes de mon siecle & sur la nécessité indispensable d'une morale politique*, in-8°. Londres, 1775.

que j'ai osé dire ailleurs que l'homme vraiment né pour être législateur, doit porter dans son cœur une haine *indestructible* pour le génie de *destruction*, et qu'il doit en même-temps, être pénétré de véritable héroïsme au point de se sentir prêt à sacrifier mille fois sa vie, pour parvenir à porter chez les mortels cet heureux et respectable esprit de Paix universelle.

De cette réunion de principes, de cet inviolable amour de la paix générale, de cette inébranlable énergie de caractère, de cette profonde connoissance des grandes ainsi que des secrètes sources du vrai bonheur de l'homme et des empires, naîtront plus fréquemment des hommes capables du constant sacrifice de leurs intérêts privés à l'intérêt commun, du sacrifice même de toutes les gloires brillantes à la perpétuelle conservation de l'ordre public, et enfin des hommes doués aussi de cette sublime intrépidité que rien n'épouvante, quand il s'agit, bien réellement, d'un sage et véritable intérêt universel.

Sommes-nous déjà dans un tel ordre

de choses ? Sommes-nous déjà entrés dans cette terre promise ? Sommes-nous du moins sur le chemin qui y conduit ?

Le principal objet de cette adresse est de faire sentir à tous les membres de la Nation la très-pressante nécessité de n'en jamais suivre d'autre, d'encourager ceux qui, déjà, auroient sçu le préférer, et d'y ramener les citoyens qui auroient eu le malheur de le méconnoître et de l'abandonner.

Puissai-je être assez heureux pour ne m'en jamais écarter, et pour servir quelquefois aux voyageurs qui en chercheront les traces.

Post-scriptum, et motion proposée comme suite ou corollaire des principes qui m'ont dicté la présente adresse.

Si ce discours, MESSIEURS, et le tableau des importantes vérités qu'il vous présente me faisoient obtenir quelque faveur dans vos esprits, j'oserois le terminer par une motion, plus analogue à la vérité, au caractère des Grecs et des Romains qu'au nôtre, mais par cela même peut-être d'autant plus utile pour nous. Cette motion seroit : qu'il fût statué que dans toute assemblée de département et de district il y eût un homme désigné, lequel, tel talent, telle vertu, tel mérite qu'il pût avoir, ne seroit honoré, *pendant un temps indéfini*, d'aucune préférence, d'aucune nomination, d'aucune charge, d'aucune dignité quelconque ; et que dans certaines circonstances particulières et intéressantes, on réuniroit en partie ou en totalité les citoyens qui auroient été dans ce cas, pour former une assemblée passive, à laquelle il ne seroit accordé aucun droit, aucun pouvoir, aucun bénéfice, aucun avantage, que celui de refléchir, d'observer et d'être toujours selon leurs lumières, l'organe de la sagesse, et selon leur conscience, l'organe de la vérité : avec cette clause, qu'il fût permis à tout Député à l'Assemblée Nationale, qui voudroit la quitter pour entrer dans l'Assemblée passive, de pouvoir le faire lorsqu'il en aura agrément de ses commettans.

FIN.